O Reino Teocrático na História da Redenção

ALEXANDRE OLIVEIRA

ISBN: 978-65-01-55837-0

Prefácio

Por que falar do Reino hoje

Poucos temas ocupam lugar tão central nas Escrituras quanto o Reino de Deus — e, ao mesmo tempo, poucos foram tão fragmentados ao longo da história da interpretação cristã. Em muitos contextos, o Reino foi espiritualizado a ponto de perder sua concretude histórica; em outros, foi empurrado quase integralmente para o futuro, tornando-se distante da vida cristã presente. Entre alegorias excessivas e compartimentações rígidas, o Reino acabou tratado como assunto periférico, quando na verdade constitui o eixo da narrativa bíblica.

Este livro nasceu dessa tensão.

A proposta que o leitor tem em mãos não é a criação de um novo sistema teológico, nem a defesa de uma escola escatológica específica. O objetivo é mais simples — e, ao mesmo tempo, mais exigente: permitir que a própria Escritura organize nossa compreensão do Reino de Deus em sua progressão histórica, sem reduzi-lo a metáfora nem isolá-lo da responsabilidade cristã presente.

Ao longo da história da teologia, duas grandes abordagens dominaram o debate. O amilenismo, buscando preservar a centralidade de Cristo e evitar especulações escatológicas, acabou frequentemente espiritualizando promessas bíblicas que possuem conteúdo histórico claro. O dispensacionalismo clássico, por sua vez, recuperou com mérito a literalidade profética e a esperança de um Reino futuro, mas em muitos casos compartimentou excessivamente a história da redenção, deslocando o impacto ético do Reino para um futuro distante.

Entre esses dois polos, formou-se uma linhagem teológica muitas vezes negligenciada, mas profundamente bíblica: a teologia do Reino Teocrático. Autores como George N. H. Peters, G. H. Lang, Robert Govett e H. Pember não rejeitaram a história nem a espiritualizaram. Eles a leram como o campo do governo progressivo de Deus, no qual o Reino é prometido, oferecido, adiado e finalmente consumado.

Essa linhagem oferece algo raro: uma escatologia que é ao mesmo tempo histórica, coerente e pastoral. O Reino não é reduzido a símbolo, nem isolado em um futuro desconectado da vida cristã. Ele permanece o propósito central de Deus para a criação, exercendo influência real sobre a fé, a perseverança, o sofrimento e a ética do crente.

Este livro dialoga diretamente com textos bíblicos frequentemente considerados difíceis ou desconfortáveis. Mateus 13, 24 e 25, a Epístola aos Hebreus e Apocalipse 19–20 são tratados não como problemas a serem suavizados, mas como revelações a serem levadas a sério. O Reino é apresentado não apenas como promessa futura, mas como critério pelo qual a vida presente é avaliada.

A distinção bíblica entre salvação e herança, tão presente no Novo Testamento e tantas vezes negligenciada, ocupa lugar central nesta obra. A graça que salva é plenamente afirmada; ao mesmo tempo, a responsabilidade escatológica do crente é preservada. O Reino não é comprado por obras, mas é herdado por fidelidade.

Do ponto de vista pastoral, esta obra nasce da convicção de que a esperança correta transforma a vida cristã. Uma escatologia equivocada produz ou acomodação espiritual ou ansiedade improdutiva. Uma escatologia bíblica produz vigilância, perseverança e fidelidade silenciosa durante a ausência visível do Rei.

Do ponto de vista teológico, o livro busca recuperar a unidade da narrativa bíblica. O Reino prometido no Antigo Testamento é o mesmo Reino anunciado por Jesus, adiado pela rejeição histórica, governado atualmente em autoridade e destinado à manifestação plena na história. O Reino não foi cancelado; foi adiado.

Este livro é dirigido a pastores, líderes, estudantes de teologia e cristãos maduros que desejam compreender a Escritura com seriedade histórica, coerência escatológica e sensibilidade pastoral. Ele não exige adesão prévia a um sistema, mas convida o leitor a acompanhar o fluxo do texto bíblico e permitir que ele mesmo conduza à conclusão.

Se, ao final da leitura, o leitor enxergar o Reino de Deus não como tema periférico, mas como o propósito que organiza a história da redenção — e se essa esperança produzir maior fidelidade no presente —, este livro terá cumprido seu objetivo.

Introdução

Por que o Reino precisa ser recuperado

Poucos temas sofreram tamanha fragmentação ao longo da história da teologia cristã quanto o Reino de Deus. Em muitos contextos, ele foi espiritualizado até perder sua concretude histórica; em outros, foi empurrado quase integralmente para o futuro, tornando-se distante da vida cristã presente. Entre alegorias e compartimentações excessivas, o Reino acabou tratado como assunto periférico, quando na verdade ocupa o centro da revelação bíblica.

O Novo Testamento, porém, não permite tal marginalização. Jesus inicia seu ministério anunciando a proximidade do Reino; os apóstolos proclamam sua vinda futura; e o Apocalipse o apresenta como o clímax da história da redenção. O Reino não é um detalhe escatológico, mas o eixo em torno do qual a narrativa bíblica se organiza.

Este livro parte da convicção de que o Reino prometido no Antigo Testamento é literal, histórico e teocrático; que esse Reino foi genuinamente oferecido nos Evangelhos; que sua rejeição resultou em um adiamento histórico — não em cancelamento —; e que sua consumação ocorrerá de forma visível e concreta na vinda de Cristo. Essa convicção não nasce de preferência sistemática, mas de atenção cuidadosa ao texto bíblico em sua progressão histórica.

Para desenvolver essa tese, dialogaremos criticamente com duas tradições teológicas influentes. O amilenismo clássico será analisado em sua tentativa de preservar a centralidade de Cristo, mas também em suas limitações ao espiritualizar promessas históricas. O dispensacionalismo clássico será reconhecido por sua defesa da literalidade profética, mas avaliado em sua tendência a compartimentar o Reino em um futuro quase desconectado da ética cristã presente.

A proposta deste livro é recuperar uma linhagem frequentemente negligenciada: a teologia do Reino Teocrático, articulada de modo abrangente por George N. H. Peters e aplicada pastoralmente por autores como G. H. Lang, Robert Govett e H. Pember. Essa tradição não rejeita a história nem a espiritualiza, mas a lê como campo do governo progressivo de Deus.

O objetivo não é criar um novo sistema, mas permitir que a Escritura fale com integridade histórica, coerência escatológica e seriedade pastoral. O Reino não é metáfora etérea nem parêntese distante; ele é o propósito histórico de Deus para a criação, temporariamente adiado, eticamente exigente no presente e certamente consumado no futuro.

Nota metodológica e fontes teológicas

Esta obra foi desenvolvida a partir de uma leitura bíblica histórica e progressiva da revelação, partindo do princípio de que a Escritura interpreta a própria Escritura e que as promessas divinas devem ser compreendidas dentro de seu contexto histórico, pactual e escatológico.

O método adotado neste livro privilegia a prioridade do Antigo Testamento na definição do Reino de Deus, entendendo que o Novo Testamento não redefine esse Reino, mas o confirma, o aprofunda e o conduz à sua consumação. Assim, as promessas feitas a Abraão e Davi são tratadas como literais, históricas e irrevogáveis, servindo de fundamento para a compreensão do Reino anunciado nos Evangelhos e consumado na escatologia bíblica.

Do ponto de vista teológico, esta obra dialoga criticamente com duas tradições amplamente difundidas: o amilenismo clássico, reconhecido por sua preocupação cristocêntrica, mas questionado aqui por sua tendência à espiritualização das promessas históricas; e o dispensacionalismo clássico, valorizado por sua defesa da literalidade profética, mas avaliado em sua tendência a compartimentar excessivamente o Reino em um futuro desconectado da ética cristã presente.

Como eixo integrador, o livro se ancora na tradição do Reino Teocrático, especialmente conforme sistematizada por George N. H. Peters, cuja obra demonstra que o Reino permanece o propósito central da história da redenção mesmo durante seu adiamento histórico. Essa perspectiva é complementada pelas contribuições pastorais e exegéticas de G. H. Lang, Robert Govett e H. Pember, autores que enfatizam, respectivamente, a ética do Reino, a distinção entre salvação e herança, e a leitura espiritual da história sob o governo progressivo de Deus.

As referências bíblicas são trabalhadas de forma exegética e contextual, com atenção especial a textos frequentemente considerados difíceis ou controversos, como Mateus 13, 24 e 25, a Epístola aos Hebreus e Apocalipse 19–20. O objetivo não é oferecer uma leitura especulativa, mas recuperar a coerência interna da narrativa bíblica à luz do Reino de Deus como propósito histórico divino.

Este livro não pretende esgotar o tema nem criar um novo sistema teológico, mas contribuir para uma leitura mais fiel, responsável e pastoral da escatologia bíblica, na convicção de que a esperança futura do Reino molda profundamente a vida cristã no presente.

Capítulo 1

O Reino reduzido a alegoria: uma análise crítica do amilenismo

Ao longo da história da Igreja, poucas interpretações exerceram influência tão profunda e duradoura sobre a compreensão do Reino de Deus quanto o amilenismo. Consolidado especialmente a partir do pensamento de Agostinho, esse modelo tornou-se dominante no cristianismo ocidental e moldou não apenas a escatologia, mas a forma como a totalidade da narrativa bíblica passou a ser lida. Sua tese central é a identificação do Reino com a era presente da Igreja e a interpretação simbólica do milênio descrito em Apocalipse 20.

É importante reconhecer que o amilenismo não surgiu como negação deliberada das Escrituras. Ele foi, em grande medida, uma resposta histórica a excessos escatológicos dos primeiros séculos, quando expectativas milenistas mal fundamentadas produziram frustração, divisões e especulações. Ao espiritualizar o Reino, o amilenismo buscou preservar a centralidade de Cristo, proteger a unidade da Igreja e afastar leituras consideradas perigosas ou sensacionalistas.

Entretanto, essa tentativa de correção gerou um deslocamento hermenêutico profundo. Para sustentar sua leitura, o amilenismo adotou como princípio interpretativo que as promessas do Antigo Testamento relativas ao Reino deveriam ser reinterpretadas à luz do Novo Testamento de forma não literal. O que antes era apresentado como promessa histórica concreta passou a ser compreendido como símbolo espiritual da experiência cristã presente.

Nesse processo, Israel deixou de ser visto como destinatário histórico das promessas pactuales, e a Igreja passou a ser entendida como seu cumprimento espiritual pleno. O Reino deixou de ser uma realidade futura destinada à manifestação pública na história e tornou-se, essencialmente, uma condição espiritual invisível. A escatologia, assim, perdeu sua função estruturante e passou a ocupar posição secundária na teologia cristã.

O impacto dessa mudança é significativo. Quando o Reino é reduzido a alegoria, ele perde geografia, cronologia e manifestação pública. As alianças abraâmica e davídica, originalmente vinculadas a compromissos concretos de Deus com território, trono e governo, são desmaterializadas. A promessa de um governo messiânico justo sobre as nações deixa de ser expectativa histórica e passa a ser absorvida pela ideia genérica de salvação eterna.

Essa leitura também altera a forma como a história é compreendida. Em vez de caminhar para a restauração concreta da criação sob o governo do Messias, a história passa a ser vista prioritariamente como o palco da salvação individual. O Reino deixa de ser o eixo da narrativa bíblica e torna-se um conceito difuso, frequentemente confundido com a própria Igreja ou com a experiência subjetiva do crente.

Além disso, o amilenismo enfrenta dificuldades consistentes ao lidar com textos do Novo Testamento que vinculam o Reino à avaliação, à herança e à recompensa. Passagens como Mateus 19–25, Hebreus e Apocalipse são frequentemente reinterpretadas como descrições simbólicas do juízo final ou como advertências meramente pedagógicas, sem consequências escatológicas reais para os crentes. Essa abordagem reduz a força ética desses textos e enfraquece sua função exortativa.

Em Mateus 25, por exemplo, Jesus descreve a vinda do Filho do Homem seguida por avaliação e distinção entre servos fiéis e infiéis. A leitura amilenista tende a dissolver essa avaliação em categorias soteriológicas genéricas, tratando os textos como simples distinção entre salvos e perdidos. Contudo, o próprio contexto do discurso aponta para responsabilidade de servos que aguardam o retorno do Senhor, não para a definição inicial da salvação.

O mesmo ocorre na Epístola aos Hebreus. As advertências severas dirigidas a crentes reais são frequentemente deslocadas para a categoria de hipóteses teóricas ou aplicadas a falsos crentes. Com isso, a tensão bíblica entre graça e responsabilidade escatológica é neutralizada. A segurança da salvação é preservada, mas ao custo de esvaziar a seriedade da herança futura.

Essas dificuldades não são meramente exegéticas; são estruturais. Elas decorrem de uma hermenêutica que privilegia a alegoria sobre a história e a sistematização teológica sobre a progressão da revelação. Quando o Antigo Testamento deixa de definir os parâmetros do Reino, o Novo Testamento passa a ser lido de forma desconectada de suas raízes pactuales.

George N. H. Peters identificou esse problema com clareza ao afirmar que qualquer interpretação do Reino que contradiga o sentido original das promessas bíblicas compromete a fidelidade de Deus à sua própria palavra. Para ele, o Novo Testamento não redefine o Reino; ele o

confirma, o adia e o amplia em alcance, sem alterar sua essência histórica.
A crítica ao amilenismo, portanto, não se baseia em rejeição simplista, mas na constatação de que sua hermenêutica produz um Reino desprovido de historicidade. O resultado é uma escatologia enfraquecida e uma ética cristã frequentemente desconectada da esperança futura. Quando o Reino deixa de ser esperado como realidade concreta, a vigilância, a perseverança e a prontidão perdem seu fundamento escatológico.
Isso não significa que o amilenismo não possua méritos. Sua ênfase na centralidade de Cristo, na soberania divina e na realidade presente do governo de Deus deve ser reconhecida. Contudo, esses méritos não exigem a negação do Reino futuro literal. É possível afirmar o reinado presente de Cristo sem dissolver a esperança de sua manifestação histórica.
Recuperar o Reino como realidade histórica futura não enfraquece a fé cristã; ao contrário, fortalece-a. A esperança concreta do Reino vindouro fornece base sólida para a perseverança no sofrimento, para a seriedade da vida cristã e para a leitura responsável da história. A escatologia bíblica não é fuga do mundo, mas anúncio de sua restauração.
Este capítulo, portanto, estabelece o ponto de partida crítico do livro. Para recuperar o Reino, é necessário reconhecer os limites do amilenismo e reavaliar suas premissas hermenêuticas. Somente assim será possível avançar para uma leitura que preserve tanto a centralidade de Cristo quanto a integridade histórica das promessas bíblicas.
Nos capítulos seguintes, veremos como o dispensacionalismo clássico tentou responder a essas fragilidades, recuperando a literalidade do Reino, mas também como acabou criando novas tensões. Esse percurso nos conduzirá à necessidade de uma abordagem mais integrada, na qual o Reino permanece o eixo da história da redenção mesmo durante seu adiamento.

Capítulo 2

O Reino compartimentado: Darby, Scofield e os limites do dispensacionalismo clássico

O surgimento do dispensacionalismo clássico no século XIX representou uma reação consciente à crescente alegorização das Escrituras promovida por leituras dominantes na teologia cristã. Em um contexto no qual as promessas proféticas haviam sido amplamente espiritualizadas, autores como John Nelson Darby buscaram recuperar a leitura literal da Bíblia, especialmente no que diz respeito às alianças, à escatologia e ao futuro de Israel. Posteriormente, essa abordagem foi popularizada de forma sistemática por C. I. Scofield, por meio de sua Bíblia anotada.

Essa contribuição não deve ser subestimada. Darby reafirmou com vigor que as promessas feitas a Israel no Antigo Testamento não poderiam ser dissolvidas na experiência da Igreja sem comprometer a fidelidade de Deus. O Reino, para ele, não era metáfora nem símbolo ético, mas uma realidade histórica futura, vinculada ao cumprimento literal das alianças abraâmica e davídica. Essa ênfase abriu caminho para a recuperação do milênio literal e devolveu à escatologia um lugar central na teologia cristã.

Entretanto, ao tentar proteger a literalidade do Reino, o dispensacionalismo clássico acabou por isolá-lo excessivamente no futuro. O Reino tornou-se quase exclusivamente um evento escatológico posterior à era da Igreja, enquanto esta passou a ser compreendida como um parêntese no plano divino. Embora essa estrutura tenha oferecido clareza sistemática, ela produziu efeitos colaterais significativos na leitura do Novo Testamento.

Um dos efeitos mais evidentes foi a compartimentação da revelação. As dispensações passaram a funcionar como estágios relativamente fechados, com fronteiras rígidas entre si. Ensinos de Jesus nos Evangelhos — especialmente aqueles relacionados ao Reino — foram frequentemente deslocados para um futuro pós-arrebatamento, sendo aplicados à Igreja apenas de forma ilustrativa ou secundária.

Como consequência, a ética do Reino perdeu força normativa no presente. Textos como o Sermão do Monte, as parábolas de Mateus 13 e as advertências escatológicas de Mateus 24–25 passaram a ser lidos principalmente como instruções destinadas a um grupo futuro, não como exortações dirigidas aos discípulos contemporâneos. O Reino foi preservado em sua literalidade, mas esvaziado em sua função formativa para a vida cristã atual.

A obra de Scofield desempenhou papel decisivo na consolidação dessa leitura. Suas notas ofereceram clareza didática e ampla difusão ao sistema dispensacionalista, mas também cristalizaram uma separação rígida entre Reino e Igreja. A distinção legítima entre Israel e Igreja foi, em muitos casos, elevada a uma separação quase absoluta de propósitos, resultando em uma leitura fragmentada da história da redenção.

Essa abordagem gerou dificuldades específicas ao lidar com textos que tratam de avaliação e responsabilidade escatológica dos crentes. A Epístola aos Hebreus, por exemplo, apresenta advertências severas dirigidas a uma comunidade de crentes genuínos. Dentro de um esquema rigidamente compartimentado, tais textos são frequentemente reinterpretados como hipóteses teóricas ou aplicados exclusivamente a falsos crentes, enfraquecendo sua força exortativa.

O mesmo ocorre com as parábolas de Mateus 24–25. O dispensacionalismo clássico tende a deslocar essas passagens para um período futuro, dissociando-as da vida da Igreja presente. Com isso, a expectativa da vinda do Senhor perde sua função ética imediata e se torna predominantemente objeto de especulação cronológica.

É importante observar que tanto Darby quanto Scofield estavam mais preocupados em organizar a história da redenção do que em explorar profundamente suas implicações pastorais. O sistema respondeu de forma eficaz à pergunta "quando" os eventos escatológicos ocorreriam, mas ofereceu respostas limitadas à pergunta "como, então, devemos viver?". Essa lacuna torna-se evidente quando se considera a insistência do Novo Testamento na vigilância, perseverança e fidelidade durante a ausência visível do Rei.

George N. H. Peters oferece uma correção decisiva a essa lacuna. Sem rejeitar a literalidade do Reino nem a distinção entre Israel e Igreja, Peters recusa a ideia de um parêntese eclesiástico desconectado do propósito central de Deus. Para ele, o Reino permanece o eixo da história da redenção mesmo durante seu adiamento. A era presente não é um intervalo sem significado, mas um período no qual a autoridade do Rei é real e a responsabilidade dos servos é intensificada.

Essa perspectiva permite integrar escatologia e ética de forma mais coerente. O Reino não é apenas algo a ser aguardado no futuro, mas uma realidade que lança suas exigências sobre o presente. A esperança da manifestação futura do Reino fundamenta a vigilância atual, e não a neutraliza.

Dessa forma, o diálogo com Darby e Scofield não deve ser marcado por ruptura, mas por discernimento. Eles prestaram um serviço inestimável ao reafirmar a historicidade do Reino e ao resistir à alegorização excessiva. Contudo, ao isolarem o Reino quase totalmente no futuro, deixaram um espaço que precisou ser preenchido por outros intérpretes. É exatamente nesse ponto que a contribuição de Peters se mostra indispensável.

Este capítulo, portanto, reconhece os méritos do dispensacionalismo clássico ao mesmo tempo em que identifica seus limites estruturais. Nos capítulos seguintes, veremos como a recuperação do Reino como eixo contínuo da história da redenção permite uma leitura mais integrada das promessas bíblicas, dos ensinos de Jesus e das advertências escatológicas dirigidas aos crentes.

Capítulo 3

O Reino prometido no Antigo Testamento: alianças, trono e governo.

Qualquer tentativa de compreender o Reino de Deus no Novo Testamento que negligencie suas raízes veterotestamentárias está fadada à fragmentação. O Reino não surge repentinamente com Jesus, nem é uma construção tardia da Igreja; ele é o desenvolvimento histórico de promessas feitas por Deus dentro do tempo e do espaço. O Antigo Testamento estabelece os parâmetros essenciais do Reino, sem os quais os Evangelhos e a escatologia cristã perdem coerência.

Desde o chamado de Abraão, o propósito divino assume contornos claramente históricos. A promessa de uma descendência numerosa, de uma terra específica e de bênção mediada às nações não é apresentada como metáfora espiritual, mas como compromisso concreto de Deus com a história. A aliança abraâmica introduz três elementos fundamentais para a compreensão bíblica do Reino: um povo definido, um território real e uma relação de governo baseada na fidelidade divina.

Essa aliança é unilateral em sua origem e irrevogável em sua essência. Embora a resposta humana seja relevante para a experiência da bênção, o cumprimento final da promessa repousa na fidelidade de Deus, não na constância do homem. Esse dado é decisivo para a teologia do Reino, pois estabelece que o propósito divino não pode ser anulado por falhas humanas ao longo da história.

A progressão do Reino torna-se ainda mais explícita com o estabelecimento da monarquia em Israel. A aliança davídica representa um marco na revelação bíblica, pois introduz formalmente a promessa de um trono perpétuo, de uma dinastia contínua e de um governo mediado por um descendente específico. O Reino deixa de ser apenas expectativa implícita e passa a ser promessa explicitamente régia.

É crucial observar que a aliança davídica não está condicionada à fidelidade perfeita dos reis subsequentes. Embora a disciplina seja prevista em caso de desobediência, a promessa do trono eterno não é revogada. Essa distinção entre disciplina histórica e fidelidade pactual preserva a integridade do Reino como propósito irrevogável de Deus.

O fracasso humano não cancela o plano divino; ele apenas introduz atraso e juízo corretivo.
Os profetas aprofundam e expandem essa esperança. Longe de espiritualizarem as promessas do Reino, eles as tornam ainda mais concretas. Isaías descreve um governo messiânico marcado por justiça, paz e restauração da criação. Jeremias anuncia a renovação da aliança e a restauração do trono davídico. Ezequiel fala de um pastor-rei que governará Israel em segurança. Em todos esses textos, o Reino é apresentado como realidade histórica futura, não como símbolo abstrato.
Mesmo nos momentos de colapso nacional, como o exílio babilônico, a esperança do Reino não é abandonada. Pelo contrário, ela é intensificada. A ausência do trono visível gera expectativa ainda maior pela intervenção futura de Deus. A esperança messiânica emerge como resposta à perda histórica, reforçando a convicção de que a promessa não foi anulada, mas aguarda o tempo determinado para seu cumprimento.
Daniel contribui de forma decisiva para essa compreensão ao apresentar o Reino como domínio que sucede e substitui os impérios humanos. O Reino de Deus não é apresentado como realidade meramente espiritual coexistindo com os reinos deste mundo, mas como governo que os supera, julga e substitui. A visão do Filho do Homem recebendo domínio eterno reforça a expectativa de um Reino visível, universal e histórico.
Essa leitura literal e histórica do Reino no Antigo Testamento cria tensão inevitável com abordagens que reinterpretam essas promessas como símbolos da Igreja. Se o Reino prometido a Abraão e Davi não mantém continuidade histórica, então a fidelidade de Deus às suas alianças torna-se teologicamente problemática. A Escritura, porém, insiste que Deus não revoga seus juramentos nem redefine unilateralmente o sentido de suas promessas.
George N. H. Peters enfatizou que o Antigo Testamento deve ser permitido definir o conteúdo essencial do Reino. Para ele, o Novo Testamento não altera esses parâmetros, mas os confirma, os adia e os amplia em alcance. O Reino prometido permanece o mesmo; o que muda é o momento de sua manifestação e a extensão de sua abrangência.
Essa perspectiva preserva a coerência da revelação progressiva. O Reino não é reinventado ao longo da história; ele é revelado de forma cada vez mais clara. As promessas feitas aos patriarcas encontram desenvolvimento nos profetas e aguardam consumação no Messias.

Essa continuidade histórica prepara o terreno para compreender corretamente a mensagem de Jesus nos Evangelhos.

Sem essa base veterotestamentária, o anúncio do Reino feito por Jesus corre o risco de ser reduzido a um apelo moral genérico ou a uma experiência espiritual subjetiva. Com ela, porém, a proclamação do Reino adquire densidade histórica, peso escatológico e significado redentivo. O Reino anunciado por Jesus é o mesmo Reino prometido desde o início.

Este capítulo estabelece, portanto, o fundamento indispensável para todo o argumento do livro. O Reino de Deus nasce nas alianças, é desenvolvido na história de Israel e aguarda sua manifestação plena. Compreender esse percurso é essencial para interpretar corretamente a oferta do Reino nos Evangelhos, tema que será tratado no capítulo seguinte.

Capítulo 4

O Reino oferecido nos Evangelhos: o Rei presente e a oferta rejeitada.

A transição do Antigo para o Novo Testamento não representa uma redefinição do Reino de Deus, mas a chegada do momento crítico de sua história. Aquilo que fora prometido por meio das alianças e anunciado pelos profetas agora se aproxima de forma concreta na pessoa e na mensagem de Jesus. Os Evangelhos apresentam o Reino não como abstração espiritual, mas como realidade histórica iminente, inseparavelmente ligada à presença do Rei.

O ministério de João Batista inaugura essa expectativa com clareza e urgência. Sua proclamação — "Arrependei-vos, porque está próximo o Reino dos céus" — não introduz um novo conceito, mas retoma diretamente a esperança profética de Israel. João não anuncia uma transformação interior genérica, mas convoca a nação à preparação moral para a intervenção histórica de Deus. O Reino está próximo porque o Rei está às portas.

Jesus assume essa mesma mensagem desde o início de seu ministério. Sua proclamação do Reino não corrige a expectativa nacional de Israel, nem a redefine em termos espirituais abstratos. Pelo contrário, Ele fala do Reino como realidade real, concreta e iminente. O conflito que se desenvolve ao longo dos Evangelhos não diz respeito à natureza do Reino, mas à identidade do Rei e às condições de entrada nesse Reino.

Os sinais que acompanham o ministério de Jesus desempenham papel fundamental nessa oferta. Curas, exorcismos, domínio sobre a natureza e autoridade sobre o pecado não são apenas atos de misericórdia isolados, mas sinais régios. Eles demonstram que o governo de Deus irrompeu na história de forma antecipada. Quando Jesus expulsa demônios, Ele declara explicitamente que o Reino de Deus chegou até eles, evidenciando que sua autoridade messiânica está em operação.

É importante observar que, embora o Reino esteja presente na pessoa do Rei, ele ainda não se manifesta de forma entronizada. Jesus exerce autoridade real, mas não assume o trono davídico nem inaugura a restauração nacional prometida. Essa tensão entre presença real e ausência de entronização pública é central para compreender a dinâmica do Reino nos Evangelhos.

A oferta do Reino é dirigida prioritariamente a Israel. Jesus fala às multidões, às cidades e às lideranças nacionais, convocando-as ao arrependimento e à fé. Ele envia seus discípulos com a mesma mensagem, restringindo inicialmente sua missão às ovelhas perdidas da casa de Israel. Essa delimitação não reflete exclusivismo étnico, mas fidelidade à ordem histórica das promessas pactuales.

O ponto de inflexão ocorre quando as lideranças religiosas rejeitam oficialmente a autoridade de Jesus. A acusação de que seus milagres procedem do poder de Belzebu representa mais do que incredulidade pessoal; trata-se de uma rejeição deliberada da obra do Espírito e, consequentemente, da oferta do Reino. A partir desse momento, a narrativa evangélica assume um tom mais tenso e revelador.

É nesse contexto que Jesus passa a ensinar por parábolas. Essa mudança não indica confusão nem recuo, mas juízo pedagógico. As parábolas ocultam a verdade dos que rejeitam e revelam aos que estão dispostos a ouvir. O Reino não é cancelado, mas entra em um novo estágio de revelação — o estágio do mistério e do adiamento.

A rejeição do Rei não resulta na revogação das promessas. Os Evangelhos não sugerem que Deus tenha abandonado seu propósito histórico; ao contrário, indicam que o Reino foi adiado em sua manifestação pública. A história entra em um intervalo no qual o Reino continua real, mas não plenamente visível. O adiamento não nega a promessa; ele intensifica a responsabilidade dos que aguardam.

Essa distinção entre oferta e entronização é essencial. Jesus oferece o Reino de forma genuína, mas sua manifestação depende da resposta humana dentro do plano soberano de Deus. O Reino é rejeitado historicamente, mas não cancelado teologicamente. Ele permanece como destino certo da história, aguardando o tempo determinado para sua revelação plena.

Essa leitura preserva a coerência entre o Antigo Testamento e os Evangelhos. Se o Reino tivesse sido redefinido como realidade puramente espiritual, a rejeição de Jesus perderia seu peso histórico e o drama narrativo dos Evangelhos seria esvaziado. A oposição ao ministério de Jesus pressupõe uma oferta real e uma decisão igualmente real por parte de Israel.

George N. H. Peters enfatiza que Jesus não propôs um Reino alternativo, mas o mesmo Reino prometido desde Abraão e Davi. A novidade do Novo Testamento não está na natureza do Reino, mas na revelação progressiva do Rei e na ampliação futura de seu alcance às

nações. O Reino permanece teocrático, histórico e messiânico.
Ao reconhecer a oferta real do Reino nos Evangelhos, torna-se possível compreender corretamente as parábolas de Mateus 13 e as advertências escatológicas subsequentes. O Reino entra em um período de espera ativa, no qual a fidelidade dos discípulos se torna critério central. A história não é interrompida; ela avança sob novas condições.
Este capítulo prepara o terreno para compreender a natureza do Reino durante a ausência visível do Rei. Em Mateus 13, Jesus descreve como o Reino opera durante esse intervalo histórico, revelando que o adiamento não é vazio, mas carregado de responsabilidade, discernimento e esperança escatológica.

Capítulo 5

Mateus 13: o Reino em mistério e adiamento histórico

Mateus 13 ocupa um lugar absolutamente estratégico na teologia do Reino apresentada por Jesus. Não se trata apenas de um conjunto de parábolas soltas, mas de uma resposta direta à rejeição oficial de sua autoridade messiânica narrada nos capítulos anteriores. Aqui, Jesus explica o que acontece com o Reino depois que o Rei é rejeitado, mas antes que Ele retorne em glória.
A mudança no método de ensino é significativa. Jesus passa a falar ao povo por parábolas, enquanto oferece explicações mais profundas apenas aos discípulos. Essa mudança não indica obscuridade acidental, mas julgamento pedagógico. As parábolas revelam o Reino àqueles que têm ouvidos para ouvir e, ao mesmo tempo, ocultam sua compreensão plena dos que endureceram o coração.
O próprio Jesus explica que está revelando os "mistérios do Reino dos céus". No vocabulário bíblico, mistério não se refere a algo simbólico ou alegórico, mas a uma verdade que estava oculta e agora é revelada no tempo apropriado. O mistério, portanto, não altera a essência do Reino, mas revela uma nova fase de sua história.
O mistério do Reino diz respeito à sua forma durante o período de adiamento. O Reino prometido no Antigo Testamento não é cancelado nem redefinido; ele continua sendo o mesmo Reino messiânico, histórico e teocrático. O que muda é sua condição: ele passa a operar sem entronização pública do Rei, em meio a rejeição, oposição e

crescimento misto.
A parábola do semeador inaugura essa seção revelando que a proclamação do Reino encontra respostas variadas. A semente é a mesma em todos os casos; o que muda é o solo. Essa diversidade de respostas demonstra que o adiamento do Reino não elimina sua proclamação. O Reino continua sendo anunciado, mas sua recepção ocorre em um ambiente marcado por superficialidade, oposição espiritual e distrações mundanas.
Essa parábola também corrige expectativas triunfalistas. O Reino não avança por aceitação universal nem por sucesso imediato. Ele cresce em meio à rejeição, à incompreensão e à perseverança silenciosa. O foco não está no volume da colheita inicial, mas na fidelidade da semeadura durante a ausência visível do Rei.
A parábola do joio e do trigo aprofunda ainda mais essa realidade. Em vez de uma separação imediata entre os justos e os ímpios, o Reino se desenvolve em meio à coexistência. O campo não é purificado antecipadamente. O mal não é erradicado imediatamente. A separação é deliberadamente adiada até o tempo da colheita.
Essa imagem confronta tanto o idealismo religioso quanto o triunfalismo eclesiástico. O Reino, durante esse período, não se manifesta como domínio público incontestado. Ele avança de forma real, mas discreta, convivendo com oposição interna e externa. O adiamento da separação não é falha do plano divino, mas expressão da paciência soberana de Deus.
A presença do joio não invalida o Reino; ela revela sua condição provisória. A colheita final é certa, mas não antecipada. Isso preserva tanto a justiça quanto a misericórdia divinas. O Reino não perdeu seu destino; ele aguarda o momento determinado para sua manifestação plena.
As parábolas do grão de mostarda e do fermento introduzem outro elemento essencial: o crescimento anômalo do Reino. O Reino cresce, mas não de forma proporcional nem necessariamente saudável em todos os seus aspectos. Ele se expande além das expectativas iniciais, assumindo dimensões que geram ambiguidade.
O crescimento descrito por Jesus não deve ser automaticamente identificado com pureza espiritual ou sucesso divino irrestrito. O foco não está na qualidade homogênea do crescimento, mas em sua inevitabilidade histórica. O Reino cresce porque o propósito de Deus avança, mesmo em um mundo ainda marcado pela rebelião.
Essas parábolas desafiam leituras que identificam o crescimento do Reino com a vitória progressiva da Igreja sobre o mundo. O

crescimento ocorre, sim, mas em um cenário ainda não redimido, ainda não submetido plenamente ao governo do Rei. O Reino cresce em mistério, não em glória.
As parábolas do tesouro escondido e da pérola de grandevalor deslocam o foco para o discipulado. Em meio à ambiguidade do Reino em mistério, seu valor permanece absoluto. O Reino continua sendo digno de entrega total. Aqueles que discernem sua importância estão dispostos a sacrificar tudo em vista da herança futura.

Aqui, Jesus estabelece uma conexão direta entre esperança escatológica e decisão presente. O Reino futuro governa escolhas atuais. A forma velada do Reino não diminui seu valor; ao contrário, exige discernimento espiritual mais profundo.
A parábola da rede encerra o discurso com a reafirmação do juízo vindouro. A separação foi adiada, mas não abolida. O Reino em mistério não substitui o Reino em glória; ele prepara o caminho para sua manifestação final. O adiamento não é indefinição, mas preparação.
George N. H. Peters interpreta Mateus 13 como a chave hermenêutica para compreender a era presente. Para ele, essas parábolas descrevem precisamente a condição do Reino durante o adiamento histórico, sem negar sua literalidade futura. O Reino continua sendo o mesmo em essência, ainda que diferente em forma.
Autores como G. H. Lang e Robert Govett aplicam Mateus 13 de forma pastoral, destacando que o período de mistério intensifica a responsabilidade dos servos. A ausência visível do Rei não diminui a exigência de fidelidade; ela a torna mais urgente. O Reino não está suspenso, mas operando sob condições provisórias.
Mateus 13, portanto, não descreve um Reino espiritualizado, nem um Reino plenamente estabelecido. Ele revela o Reino em espera ativa. Essa compreensão prepara o leitor para os discursos escatológicos subsequentes, nos quais a fidelidade durante a ausência do Rei se torna critério de avaliação.
Este capítulo estabelece o fundamento teológico necessário para compreender Mateus 24 e 25. O Reino adiado continua governando a história, testando a fidelidade dos servos e avançando silenciosamente em direção ao dia em que o Rei retornará para assumir publicamente o trono.

Capítulo 6

Mateus 24: a vinda do Rei e o fim do adiamento

O discurso escatológico de Jesus em Mateus 24 marca uma virada decisiva na revelação do Reino. Após explicar, em Mateus 13, a natureza do Reino durante o período de mistério e adiamento, Jesus agora direciona o olhar dos discípulos para o encerramento desse intervalo histórico. O foco desloca-se da forma do Reino na ausência do Rei para os eventos que conduzirão à sua manifestação gloriosa.

O capítulo nasce de uma pergunta concreta. Ao sair do templo, Jesus anuncia sua destruição, provocando espanto nos discípulos. A pergunta que segue revela a mentalidade deles: quando acontecerão essas coisas, qual será o sinal da vinda do Rei e do fim da era? Essas questões não são teológicas no sentido abstrato; elas são profundamente históricas e escatológicas.

Jesus não responde de maneira simplificada. Ele distingue eventos, períodos e sinais, mostrando que a história caminha de forma progressiva rumo ao clímax do Reino. A destruição do templo, ocorrida décadas depois, não esgota a profecia, mas funciona como prenúncio de juízos maiores ainda por vir.

Uma leitura cuidadosa do texto revela que Jesus não colapsa todos os eventos em um único momento simbólico. Ele descreve um período prolongado caracterizado por enganos religiosos, conflitos internacionais, perseguições e apostasia. Esses sinais não são apresentados como metáforas espirituais, mas como realidades históricas que marcam o avanço do tempo até a consumação.

Essa observação é fundamental para a compreensão do Reino. O adiamento não implica estagnação histórica. Pelo contrário, a história se intensifica. O conflito espiritual e moral aumenta à medida que o retorno do Rei se aproxima. O Reino em mistério não elimina a oposição; ele a expõe.

A advertência contra falsos cristos e falsos profetas ocupa lugar central no discurso. Jesus alerta que muitos reivindicarão autoridade messiânica, tentando enganar até os eleitos. Isso revela que o período de adiamento é também um tempo de prova espiritual. A fidelidade ao

Rei ausente exige discernimento, perseverança e apego à verdade revelada.
Jesus então introduz o conceito da "grande tribulação". O sofrimento descrito aqui é apresentado como singular, sem paralelo na história. A linguagem ecoa diretamente os profetas do Antigo Testamento, especialmente Daniel e Jeremias, reforçando a continuidade entre a escatologia veterotestamentária e a neotestamentária.
A grande tribulação não é descrita como um evento simbólico genérico, mas como um período histórico específico, marcado por aflição intensa e intervenção divina direta. Ela funciona como o ponto final do adiamento do Reino e o prelúdio imediato da vinda gloriosa do Rei.
O clímax do capítulo ocorre com a descrição da vinda do Filho do Homem nas nuvens, com poder e grande glória. Essa vinda não é invisível, interior ou meramente espiritual. Ela é pública, cósmica e incontestável. O Rei retorna para reivindicar aquilo que lhe pertence e encerrar definitivamente o período de espera.
A reunião dos eleitos, mencionada por Jesus, não representa a dissolução da história, mas sua reorganização sob o governo messiânico. Trata-se da preparação para o Reino manifestado, não de sua substituição por um estado abstrato e atemporal.
George N. H. Peters enfatiza que Mateus 24 confirma a expectativa de um Reino futuro literal. Para ele, a vinda descrita por Jesus é a retomada visível da teocracia prometida no Antigo Testamento. O Reino que esteve adiado agora se manifesta em poder.
Ao mesmo tempo, Mateus 24 possui forte dimensão ética. A repetida exortação à vigilância não tem como objetivo gerar ansiedade cronológica, mas fidelidade prática. O servo fiel é aquele que vive à luz da certeza da vinda, não da tentativa de calcular datas.
Autores como G. H. Lang destacam que a vigilância exigida por Jesus é direcionada a discípulos reais. O discurso não é um manual de curiosidade escatológica, mas um chamado à perseverança em meio à ausência do Rei. O Reino futuro governa o comportamento presente.
Mateus 24, portanto, não descreve o colapso simbólico da história, mas sua consumação ordenada. O Reino prometido, oferecido e adiado caminha agora para sua manifestação gloriosa. O adiamento tem prazo. O Rei retornará.
Esse capítulo prepara o terreno imediato para Mateus 25, onde Jesus revela o que acontecerá depois da vinda: a avaliação dos servos, a distribuição de herança e a realidade da perda. O Reino não apenas chega; ele julga, recompensa e governa.

Capítulo 7

Mateus 25: herança, recompensa e a possibilidade de perda no Reino

Mateus 25 não é um capítulo isolado nem uma coleção de parábolas desconectadas. Ele é a continuação direta e necessária de Mateus 24. Se o capítulo anterior descreve a vinda do Rei, Mateus 25 descreve o que acontece depois que o Rei chega. O foco deixa de ser sinais e passa a ser avaliação.

Esse capítulo é decisivo porque expõe uma dimensão frequentemente negligenciada da teologia do Reino: a distinção entre pertencer ao Rei e participar plenamente do Reino. Jesus não está explicando como alguém se torna seu discípulo, mas como seus discípulos serão avaliados à luz do Reino vindouro.

As três cenas apresentadas — as dez virgens, os talentos e o julgamento das ovelhas e dos bodes — compartilham uma mesma estrutura:

O Rei se ausenta

Os servos vivem durante a ausência

O Rei retorna

Os servos são avaliados

Essa estrutura reflete exatamente o período de adiamento do Reino descrito em Mateus 13 e anunciado em Mateus 24.

As dez virgens: prontidão e participação

Na parábola das dez virgens, todas aguardam o noivo. Todas reconhecem sua autoridade. Todas fazem parte do grupo que espera a chegada do Reino. A distinção não está na expectativa, mas na preparação contínua.

O erro das virgens néscias não é ignorância doutrinária, mas negligência prática. Elas não se preparam para a demora. O atraso do noivo expõe a diferença entre expectativa superficial e fidelidade perseverante.

O óleo não deve ser reduzido a um símbolo técnico de regeneração. O foco da parábola está na prontidão mantida ao longo do tempo. A exclusão do banquete não indica necessariamente perda de relacionamento, mas perda de participação na celebração do Reino.

Jesus conclui a parábola com uma advertência clara: vigiar não é esperar

passivamente, mas viver de forma preparada durante a ausência do Rei.
Os talentos: fidelidade, responsabilidade e recompensa

A parábola dos talentos aprofunda essa lógica. Os servos recebem responsabilidades proporcionais à confiança do senhor. Nenhum deles questiona a autoridade do senhor, e nenhum perde sua condição de servo. A avaliação ocorre com base na fidelidade no serviço, não na posição inicial.

Os servos fiéis são recompensados com maior responsabilidade: "entra no gozo do teu senhor". A recompensa não é o descanso passivo, mas a participação no governo. O Reino é herdado por aqueles que demonstram fidelidade durante a ausência do Rei.

O servo infiel, por outro lado, não perde sua identidade como servo, mas sofre perda real. Sua exclusão expressa disciplina escatológica, não necessariamente condenação eterna. O texto enfatiza perda de privilégio, não anulação da graça.

Essa parábola reforça a distinção entre salvação e herança. A graça introduz o servo na casa; a fidelidade determina sua posição no Reino.

O julgamento das ovelhas e dos bodes: entrada no Reino

Na terceira cena, o foco se amplia. O Filho do Homem vem em glória, senta-se em seu trono e as nações são reunidas diante dele. O critério de separação não é confissão verbal, mas resposta concreta à autoridade do Rei.

A linguagem utilizada é explicitamente régia: trono, Reino, herança. Aqueles que entram no Reino são descritos como herdeiros. O Reino não é apenas recebido; ele é herdado, termo que pressupõe relação e fidelidade.

A exclusão descrita nesse julgamento deve ser lida à luz de todo o discurso. Jesus não está contradizendo a salvação pela graça, mas revelando que o Reino possui critérios governamentais. O Rei avalia, recompensa e disciplina.

A chave hermenêutica: salvação e herança

Autores como G. H. Lang e Robert Govett insistem que Mateus 25 não pode ser corretamente compreendido se todas as advertências forem deslocadas para incrédulos hipotéticos. O peso do texto está justamente no fato de que ele se dirige a pessoas que pertencem ao contexto do Reino.

A Escritura distingue consistentemente entre receber a vida eterna e herdar o Reino. A vida eterna é dom gratuito; a herança do Reino está ligada à perseverança, fidelidade e obediência.

Essa distinção não compromete a graça; ela a honra. A graça salva, mas também chama. O Reino não é apenas promessa futura; ele é critério

presente.
Implicações pastorais
Mateus 25 impede tanto o legalismo quanto a negligência espiritual. Ele não ensina justificação por obras, mas também não permite uma fé sem responsabilidade. O adiamento do Reino cria um tempo de prova, no qual a fidelidade silenciosa é observada pelo Rei ausente.
O capítulo encerra o discurso escatológico com um chamado claro: viver hoje à luz do Reino que virá. O Rei retornará, e sua vinda não será apenas consoladora — será avaliativa.
Mateus 25, portanto, revela que o Reino não é apenas um destino; é um governo. E todo governo envolve avaliação, recompensa e responsabilidade real.

Capítulo 8

Hebreus: advertências reais a crentes e a herança do Reino

A Epístola aos Hebreus ocupa um lugar singular no Novo Testamento. Poucos escritos bíblicos combinam de forma tão intensa cristologia elevada, exortação pastoral severa e perspectiva escatológica profunda. Qualquer leitura de Hebreus que ignore sua relação com o Reino de Deus acaba por suavizar textos que o próprio autor apresenta com máxima seriedade.
Desde o início, Hebreus se dirige a pessoas que participam genuinamente da obra de Cristo. Elas são descritas como santificadas, iluminadas, participantes do Espírito Santo e membros da casa de Deus. Isso torna impossível deslocar suas advertências para um público hipotético de falsos crentes sem violentar o próprio texto.
O êxodo como paradigma escatológico
Hebreus 3 e 4 estabelecem o fundamento hermenêutico da carta ao utilizar a geração do êxodo como paradigma. O autor recorda que Israel foi redimido do Egito pelo poder de Deus, atravessou o mar e recebeu a revelação divina, mas não entrou no descanso prometido por causa da incredulidade.
O ponto central não é a perda da redenção, mas a perda da herança. Aqueles israelitas continuaram sendo o povo de Deus, mas morreram no deserto sem participar daquilo que lhes fora prometido. O autor de Hebreus aplica esse episódio diretamente aos crentes, afirmando que

ele serve como advertência real para a comunidade cristã.

O descanso apresentado em Hebreus não pode ser reduzido à conversão nem à experiência espiritual presente. Ele aponta para uma realidade futura, escatológica, associada à participação no governo de Deus. O descanso permanece disponível, mas não é automaticamente desfrutado.

Advertência e responsabilidade

Hebreus 6 é um dos textos mais debatidos do Novo Testamento. O autor descreve pessoas que foram iluminadas, provaram o dom celestial, tornaram-se participantes do Espírito Santo e experimentaram a boa palavra de Deus. Essas descrições não se encaixam em categorias de fé meramente superficial.

A advertência não se refere à perda da salvação no sentido soteriológico, mas à impossibilidade de renovação em determinado contexto histórico. O foco está na gravidade da apostasia prática e na perda de privilégio escatológico. O texto enfatiza disciplina severa, não condenação eterna.

Essa leitura é confirmada pela progressão da carta. Logo após as advertências mais duras, o autor reafirma sua confiança na salvação de seus leitores, demonstrando que ele distingue claramente entre redenção e herança.

Perseverança e herança

Hebreus 10 reforça essa perspectiva ao contrastar a obra perfeita de Cristo com a responsabilidade humana. O sacrifício de Cristo é suficiente e definitivo, mas isso não autoriza negligência. A expectativa de juízo mencionada refere-se ao governo disciplinar de Deus sobre seus filhos, não à anulação da obra redentora.

Hebreus 12 fornece a chave pastoral para essa compreensão. A disciplina é apresentada como evidência de filiação, não como sinal de rejeição. Deus disciplina seus filhos porque os prepara para algo maior: a participação em seu Reino.

O autor conclui essa seção lembrando que os crentes receberam um Reino inabalável. Essa afirmação não anula as advertências anteriores; ela lhes dá sentido. O Reino é dom prometido, mas sua herança exige perseverança.

Hebreus e o Reino Teocrático

Autores como G. H. Lang e Robert Govett reconheceram em Hebreus uma das exposições mais claras da distinção entre salvação e herança. O livro não ameaça a segurança da fé, mas confronta a negligência espiritual. Ele não diminui a graça, mas revela seu propósito: formar filhos preparados para reinar.

George N. H. Peters, por sua vez, insere Hebreus dentro do arcabouço do Reino Teocrático. Para ele, as advertências da carta fazem sentido apenas se houver um Reino futuro real, no qual posições, recompensas e privilégios serão distribuídos.

Sem essa perspectiva, Hebreus se torna um livro desconfortável demais para ser levado a sério ou simbólico demais para ser obedecido. Com ela, o livro se revela profundamente coerente, pastoralmente honesto e escatologicamente consistente.

Implicações para a vida cristã

Hebreus destrói a falsa dicotomia entre graça e responsabilidade. A salvação é gratuita, mas o discipulado é custoso. O Reino é prometido, mas a herança é avaliada. A fé que salva é a mesma fé que persevera.

O adiamento do Reino não suspende a seriedade da vida cristã; ele a intensifica. O crente vive entre promessa e manifestação, entre redenção recebida e herança aguardada.

Hebreus, portanto, ensina que a esperança escatológica não produz relaxamento espiritual, mas sobriedade. O Reino que virá governa a fidelidade presente. O descanso prometido molda a perseverança diária

Capítulo 9

Apocalipse 19–20: o Reino consumado na história

Apocalipse 19 e 20 formam a seção culminante da escatologia bíblica. Aqui, a revelação do Reino atinge seu ponto máximo antes da transição para a nova criação. Diferentemente de leituras que diluem esses capítulos em símbolos atemporais, o texto apresenta uma progressão narrativa clara, na qual eventos distintos se sucedem de forma ordenada.

O livro do Apocalipse não descreve apenas verdades espirituais abstratas, mas a manifestação histórica do governo de Deus. O Reino que foi prometido no Antigo Testamento, oferecido nos Evangelhos e adiado na história agora é publicamente estabelecido.

A vinda gloriosa do Rei (Apocalipse 19)

Apocalipse 19 apresenta Cristo retornando como Rei guerreiro e juiz. A linguagem é deliberadamente régia e judicial. Ele aparece montado em um cavalo branco, chamado Fiel e Verdadeiro, julgando e pelejando com justiça. Essa vinda não é simbólica da experiência interior da Igreja, mas um evento público, visível e histórico.

Os títulos atribuídos a Cristo — Rei dos reis e Senhor dos senhores — ecoam diretamente as promessas davídicas e as visões de Daniel. O Messias retorna não apenas para salvar, mas para governar. O adiamento do Reino chega ao fim.

A derrota das forças opositoras é descrita de forma objetiva. Os poderes políticos e espirituais que resistiram ao governo divino são julgados. O Reino não emerge por consenso, mas por intervenção soberana.

A prisão de Satanás e a mudança histórica (Apocalipse 20.1–3)

Apocalipse 20 inicia com a prisão de Satanás. Esse ato possui consequências históricas claras: o engano das nações é restringido. Qualquer leitura que identifique esse evento com a era presente enfrenta sérias dificuldades, pois o texto descreve uma mudança qualitativa no curso da história.

A prisão não é simbólica de influência reduzida apenas na consciência individual, mas de limitação real da atuação enganadora sobre os povos. O Reino que se estabelece é marcado por justiça, ordem e governo messiânico manifesto.

O reinado milenar (Apocalipse 20.4–6)

O texto apresenta o reinado dos santos com Cristo durante mil anos. Esse reinado não é apresentado como metáfora genérica da vida cristã, mas como recompensa escatológica. Aqueles que perseveraram participam do governo do Reino.

A distinção entre ressurreição e julgamento reforça a leitura progressiva do texto. O milênio não é o estado eterno, mas uma fase histórica necessária para o cumprimento das alianças pactuales.

George N. H. Peters insiste que o milênio é indispensável para a restauração da teocracia prometida. Sem ele, as promessas feitas a Israel e às nações permaneceriam incompletas.

Milênio e herança do Reino

O reinado milenar fornece o contexto para as advertências do Novo Testamento. Textos como Mateus 25, Hebreus e as cartas às igrejas em Apocalipse 2–3 fazem sentido pleno apenas se houver um Reino futuro real no qual recompensas e posições são distribuídas.

O milênio não é um apêndice especulativo, mas o cenário da herança prometida. O Reino não é apenas recebido; ele é governado.

O fim do milênio e o juízo final

Após o período do reinado messiânico, Satanás é solto por breve tempo, revelando que o problema do pecado não se limita às estruturas externas, mas ao coração humano. O juízo final sela definitivamente a história da rebelião.

Essa progressão demonstra que o Reino de Deus não é apenas restaurador, mas pedagógico. Ele revela a justiça divina diante da criação e prepara o caminho para a nova criação.
Apocalipse e o Reino Teocrático
A leitura de Apocalipse 19–20 como consumação histórica do Reino preserva a coerência da revelação bíblica. O Reino prometido é finalmente estabelecido. O adiamento termina. O Rei governa.
Autores como G. H. Lang e Robert Govett reconhecem nesses capítulos a confirmação de que a esperança cristã não é meramente celestial, mas histórica. O Reino se manifesta na terra antes da renovação final de todas as coisas.
Sem essa perspectiva, Apocalipse se torna um livro de símbolos desconectados. Com ela, ele se revela como a conclusão lógica da história da redenção.
Implicações escatológicas e pastorais
Apocalipse 19–20 encerra a tensão entre promessa e cumprimento. O Reino não permanece invisível. Ele se manifesta. O Rei não permanece ausente. Ele retorna.
Essa esperança não gera escapismo, mas perseverança. O crente vive sabendo que a história tem destino, o sofrimento tem limite e a fidelidade será recompensada.
O Reino que foi adiado agora é consumado. A história alcança seu propósito. O governo de Deus é finalmente estabelecido diante de toda a criação.

Capítulo 10

O Reino Teocrático segundo George N. H. Peters

George N. H. Peters ocupa um lugar singular na história da escatologia cristã. Sua obra monumental, The Theocratic Kingdom, não surgiu como reação imediata a um sistema específico, mas como o resultado de décadas de investigação cuidadosa sobre o eixo central da revelação bíblica. Peters não escreve para defender uma escola teológica, mas para responder a uma pergunta fundamental: qual é o propósito histórico de Deus revelado nas Escrituras?
A resposta de Peters é clara, abrangente e coerente: o propósito de Deus é a restauração de uma teocracia na terra, governada pelo Messias davídico, conforme prometido nas alianças do Antigo Testamento.

Para ele, o Reino de Deus não é metáfora espiritual, nem mero símbolo ético, mas uma realidade histórica que envolve governo, território, povo e lei divina.

O método de Peters: a prioridade do Antigo Testamento

O ponto de partida metodológico de Peters é decisivo. Ele insiste que o Antigo Testamento deve estabelecer os parâmetros do Reino. O Novo Testamento não redefine essas promessas; ele as confirma, desenvolve e conduz ao seu cumprimento. Quando intérpretes alteram substancialmente o sentido original das alianças, acabam comprometendo a fidelidade de Deus à sua própria palavra.

Peters critica de forma sistemática leituras que utilizam o Novo Testamento para espiritualizar promessas veterotestamentárias. Para ele, a revelação progressiva não anula o conteúdo anterior, mas o amplia sem negá-lo. O Reino revelado por Jesus é o mesmo Reino prometido a Abraão, Davi e aos profetas.

Peters e o amilenismo

Peters rejeita explicitamente o amilenismo por considerar que ele dissolve o Reino histórico em abstrações espirituais. Ao identificar o Reino com a Igreja ou com o estado eterno, o amilenismo elimina a necessidade de um cumprimento histórico das alianças pactuales.

Para Peters, essa abordagem cria um problema teológico grave: se as promessas de trono, território e governo não se cumprem historicamente, então elas nunca foram realmente prometidas. A fidelidade divina fica condicionada a uma reinterpretação posterior, o que contradiz o próprio caráter das alianças bíblicas.

Peters e o dispensacionalismo clássico

Ao mesmo tempo, Peters também se distancia do dispensacionalismo clássico. Embora reconheça sua contribuição na defesa da literalidade profética, ele rejeita a ideia de que a era da Igreja seja um parêntese desconectado do Reino.

Para Peters, o Reino permanece o eixo da história da redenção, mesmo durante seu adiamento histórico. A Igreja não substitui o Reino, nem vive fora dele; ela existe dentro do plano do Reino, ainda que em uma fase não entronizada.

Essa distinção é crucial. O Reino está adiado em sua manifestação, mas não suspenso em sua autoridade. Cristo reina agora à direita do Pai, mas ainda não assumiu publicamente o trono davídico na terra.

A oferta e a rejeição do Reino

Um dos aspectos mais importantes da teologia de Peters é sua leitura da oferta do Reino nos Evangelhos. Ele afirma que essa oferta foi genuína, histórica e real. Jesus não ofereceu um Reino simbólico, mas o Reino prometido nas Escrituras.

A rejeição dessa oferta não cancelou o Reino, mas introduziu um intervalo histórico. Esse intervalo não representa um plano alternativo, mas parte do mesmo propósito redentivo. O adiamento é contingente à resposta humana, sem comprometer a soberania divina.

O Reino durante o adiamento

Para Peters, o período atual não é um vácuo escatológico. O Reino continua sendo real, ainda que não plenamente manifesto. Cristo governa com autoridade, disciplina seus servos e prepara aqueles que participarão do governo futuro.

Essa perspectiva fornece base teológica sólida para as advertências do Novo Testamento. Textos como Mateus 24–25, Hebreus e Apocalipse 2–3 não são exceções desconfortáveis, mas expressões coerentes de um Reino que será governado de forma real.

O milênio como necessidade teológica

Peters dedica grande parte de sua obra à defesa do reinado milenar. Para ele, o milênio não é opcional nem periférico; ele é necessário para o cumprimento das alianças. É nesse período que o Messias governa a partir de Jerusalém, Israel é restaurado e as nações experimentam justiça sob o governo divino.

Sem o milênio, o Reino prometido permaneceria incompleto. O estado eterno não substitui o Reino; ele o sucede.

Unidade do propósito final

Diferentemente de leituras que propõem duas esperanças eternas distintas, Peters insiste na unidade do propósito final de Deus. Embora reconheça distinções funcionais entre Israel e Igreja, ele afirma que ambos participam do mesmo Reino messiânico.

Os santos glorificados reinam com Cristo, e a criação é restaurada sob a teocracia divina. O Reino não divide a redenção; ele a consuma.

Contribuição de Peters para este livro

George N. H. Peters fornece o arcabouço teológico que sustenta toda a proposta desta obra. Ele não substitui a exegese bíblica, mas a organiza em torno de um eixo coerente. Sua teologia permite integrar promessa, oferta, adiamento e consumação sem recorrer à alegoria nem à compartimentação excessiva.

Ao recuperar o Reino como centro da história da redenção, Peters oferece uma escatologia que é simultaneamente bíblica, histórica e pastoral. O Reino futuro governa a vida presente. A esperança molda a fidelidade.

Este capítulo prepara o terreno para analisar como essa teologia foi aplicada pastoralmente por autores como G. H. Lang, Robert Govett e H. Pember, que traduziram o arcabouço teórico de Peters em ética cristã concreta.

.

Capítulo 11

G. H. Lang: a ética do Reino e a fidelidade durante a ausência do Rei

G. H. Lang ocupa um lugar singular na recuperação da teologia do Reino no contexto evangélico. Se George N. H. Peters forneceu o arcabouço histórico-teológico do Reino Teocrático, Lang foi responsável por traduzir essa estrutura em vida cristã concreta. Sua preocupação principal não foi organizar esquemas escatológicos, mas responder à pergunta pastoral inevitável: como deve viver aquele que aguarda o Reino?

Lang compartilha com Peters a convicção de que o Reino prometido nas Escrituras é literal, histórico e futuro. Contudo, ele se recusa a tratar essa esperança como algo distante ou irrelevante para o presente. Para Lang, o Reino vindouro exerce influência normativa direta sobre a vida cristã atual. A esperança futura governa a obediência presente.

Salvação e herança: uma distinção necessária

Um dos temas centrais da obra de Lang é a distinção entre salvação e herança. Ele afirma com clareza a justificação pela fé e a suficiência da obra de Cristo. A vida eterna é recebida como dom gratuito, independente de mérito humano. Contudo, Lang insiste que o Novo Testamento distingue consistentemente entre ser salvo e herdar o Reino.

A herança do Reino não é apresentada como automática, mas como algo condicionado à perseverança e à fidelidade. Essa distinção não relativiza a graça; ela a aprofunda. A graça não apenas salva, mas chama o crente a corresponder à dignidade da vocação recebida.

Lang encontra respaldo para essa leitura em diversos textos do Novo Testamento. Passagens que falam de "entrar no Reino", "reinar com Cristo" ou "receber galardão" não podem ser reduzidas à experiência inicial da salvação sem esvaziar seu sentido original.

Mateus 24–25 na leitura de Lang

As exposições de Lang sobre Mateus 24 e 25 são centrais para sua teologia. Ele observa que as advertências mais severas de Jesus são dirigidas a discípulos reais, não a incrédulos genéricos. A vigilância, a prontidão e a fidelidade são exigidas exatamente porque há algo real a ser perdido.

Na parábola das dez virgens, Lang destaca que todas aguardam o noivo. A diferença não está na expectativa, mas na perseverança prática. O atraso do noivo revela quem estava preparado para uma espera longa. A exclusão do banquete aponta para perda de participação, não necessariamente para condenação eterna.

Na parábola dos talentos, Lang enfatiza que o servo infiel não perde sua condição de servo, mas perde posição e privilégio. A recompensa oferecida aos servos fiéis é participação maior no governo do senhor. O Reino é apresentado como esfera de responsabilidade, não apenas de descanso.

Sofrimento, disciplina e vocação régia

Outro aspecto marcante da teologia de Lang é sua compreensão do sofrimento cristão. Para ele, o sofrimento não é apenas consequência do pecado no mundo, mas instrumento formativo. Deus disciplina seus filhos porque os prepara para reinar.

Em obras como Firstborn Sons, Lang relaciona disciplina e sofrimento à vocação régia dos crentes. Aqueles que perseveram sob prova são moldados para exercer autoridade no Reino vindouro. Essa leitura confere sentido escatológico à perseverança em meio às dificuldades.

Vigilância como prática cotidiana

Lang rejeita tanto a especulação escatológica quanto a negligência espiritual. A vigilância exigida por Jesus não é curiosidade cronológica, mas prontidão ética. O crente vigia vivendo fielmente, servindo com constância e mantendo fidelidade silenciosa durante a ausência do Rei.

A ética do Reino, para Lang, não é legalismo. A obediência não compra a salvação, mas expressa lealdade. Ao mesmo tempo, a graça não é licença para negligência. Ela chama à fidelidade.

Correção pastoral ao dispensacionalismo

Lang dialoga implicitamente com o dispensacionalismo clássico ao demonstrar que é possível manter a literalidade do Reino futuro sem esvaziar sua relevância presente. Ao deslocar excessivamente os ensinos de Jesus para um futuro distante, muitos sistemas acabaram neutralizando sua força pastoral.

Lang recupera essa força ao insistir que o Reino vindouro governa a vida atual. A esperança escatológica não produz escapismo, mas responsabilidade.

A contribuição de Lang

G. H. Lang não cria um novo sistema teológico. Ele recupera o nervo ético do Novo Testamento. Sua leitura mostra que o Reino prometido, oferecido, adiado e consumado exerce influência real sobre o presente. Se Peters estabelece o propósito histórico do Reino, Lang revela sua exigência ética. O Reino não é apenas aguardado; ele é vivido antecipadamente em fidelidade, perseverança e vigilância.

Este capítulo prepara o caminho para Robert Govett, que aprofundará a questão da herança e do galardão, mostrando como essa fidelidade será avaliada individualmente no Reino vindouro.

Capítulo 12

Robert Govett: herança, galardão e entrada no Reino

Robert Govett ocupa um lugar singular na história da teologia evangélica. Diferentemente de autores que escreveram para consolidar sistemas teológicos amplos, Govett dedicou-se a enfrentar textos bíblicos difíceis com honestidade exegética. Sua obra não busca acomodar as Escrituras a um esquema prévio, mas permitir que o texto bíblico fale com toda a sua força — mesmo quando isso desafia pressupostos teológicos consolidados.

O tema central da teologia de Govett é a distinção bíblica entre salvação e entrada no Reino. Ele afirma de forma inequívoca a justificação pela fé e a suficiência da obra de Cristo. Contudo, insiste que o Novo Testamento diferencia claramente entre receber a vida eterna e herdar o Reino messiânico.

Salvação e entrada no Reino

Para Govett, a vida eterna é dom gratuito concedido no momento da fé. Ela estabelece o relacionamento com Deus e garante a redenção. A entrada no Reino, porém, aparece nas Escrituras como algo condicionado à perseverança, fidelidade e obediência.

Essa distinção não é artificial nem construída a partir de um texto isolado. Govett demonstra que o Novo Testamento emprega linguagem consistente ao falar do Reino em termos de herança, recompensa e participação no governo messiânico. Termos como "entrar", "herdar" e "reinar" pressupõem critérios avaliativos.

Mateus 25 e a avaliação dos servos

Govett dedica atenção especial às parábolas de Mateus 25. Ele observa que todas elas tratam de servos reais, não de meros professantes externos. A avaliação ocorre dentro da casa do senhor, não fora dela.

Na parábola das dez virgens, Govett entende a exclusão do banquete como perda de participação no Reino, não como anulação da salvação. As virgens néscias aguardam o noivo, mas falham em se preparar para a demora. A ênfase está na perseverança prática.

Na parábola dos talentos, o servo infiel não é descrito como incrédulo, mas como negligente. Sua punição envolve perda de posição e privilégio. A linguagem empregada é governamental, não meramente soteriológica.

Hebreus e a perda do descanso

Govett também aplica sua distinção ao livro de Hebreus. Ele interpreta o descanso prometido não como sinônimo da salvação inicial, mas como participação no Reino futuro. A geração do êxodo serve como advertência real: um povo redimido pode falhar em herdar aquilo que lhe foi prometido.

As advertências severas de Hebreus, portanto, não ameaçam a redenção, mas alertam para a possibilidade de exclusão da herança. A disciplina divina é compreendida como corretiva e preparatória, não destrutiva.

O galardão como realidade escatológica

Um dos aspectos mais relevantes da teologia de Govett é sua ênfase no galardão. Diferentemente de leituras que tratam a recompensa como elemento simbólico ou secundário, Govett entende o galardão como categoria escatológica concreta.

O galardão está ligado à participação no governo do Reino, à posição conferida aos servos fiéis e à honra recebida na manifestação do Messias. Textos como 1 Coríntios 3, 2 Timóteo 2 e Apocalipse 2–3 são interpretados como advertências reais dirigidas a crentes.

A perda do galardão não implica perda da salvação, mas perda de privilégio. Essa distinção preserva a centralidade da graça sem neutralizar a seriedade da responsabilidade cristã.

Govett e o Reino Teocrático

Embora Govett não desenvolva um sistema teológico tão amplo quanto Peters, sua obra se harmoniza profundamente com a teologia do Reino Teocrático. O Reino futuro fornece o contexto necessário para compreender suas advertências.

Sem um Reino histórico real, as distinções feitas por Govett se tornam artificiais. Com ele, tornam-se coerentes e biblicamente fundamentadas.

Implicações pastorais

A teologia de Govett impede tanto o legalismo quanto a complacência espiritual. Ela afirma a segurança da salvação, mas confronta a

negligência. O crente é salvo pela graça, mas chamado à fidelidade.
A esperança do Reino futuro governa o presente. A possibilidade de perda real de privilégio confere seriedade às advertências do Novo Testamento e dignidade à perseverança cristã.
Robert Govett, portanto, não enfraquece a fé cristã; ele a fortalece. Ao recuperar a distinção bíblica entre salvação e herança, ele devolve peso às palavras de Jesus e dos apóstolos.
Este capítulo prepara o terreno para o último autor da tríade, H. Pember, cuja contribuição amplia a compreensão histórica e espiritual do governo divino durante o adiamento do Reino.

Capítulo 13

H. Pember: história espiritual, governo divino e o conflito invisível

H. Pember ocupa um lugar distinto na linhagem do Reino Teocrático. Diferentemente de George N. H. Peters, que estruturou o Reino como eixo histórico da revelação, e de G. H. Lang e Robert Govett, que aplicaram essa esperança à ética e à responsabilidade pessoal, Pember amplia o horizonte ao interpretar a história humana à luz de um governo divino progressivo e de um conflito espiritual real.
Sua contribuição não está na construção de um sistema escatológico fechado, mas na percepção de que a história visível é moldada por realidades invisíveis. O adiamento do Reino não ocorre em um vácuo neutro; ele se desenrola em meio a resistência espiritual, juízos divinos e permissões temporárias que revelam o caráter moral do governo de Deus.
História como palco do governo divino
Pember rejeita a ideia de que a história seja apenas o cenário da salvação individual. Para ele, a história é o campo no qual Deus exerce seu governo moral sobre indivíduos, povos e nações. As eras bíblicas não são compartimentos artificiais, mas estágios de um governo progressivo que caminha rumo à manifestação plena do Reino.
Essa leitura confere profundidade ao conceito de adiamento. O Reino não é simplesmente postergado; ele é preparado. Cada período histórico revela algo sobre a justiça, a paciência e a soberania de Deus.

O conflito invisível e o adiamento do Reino

Um dos aspectos mais característicos da obra de Pember é sua atenção ao conflito espiritual. Ele reconhece que poderes espirituais rebeldes exercem influência real sobre as estruturas humanas. O governo humano não é apenas político ou cultural; ele é também espiritual.

Essa perspectiva ajuda a compreender por que o Reino não se manifesta imediatamente após a obra redentora de Cristo. O adiamento envolve a exposição progressiva da rebelião, tanto humana quanto espiritual, antes de sua derrota definitiva.

Pember vê o conflito invisível como elemento explicativo da intensidade crescente dos juízos descritos nas Escrituras. À medida que a história avança, o confronto entre o governo divino e as forças rebeldes se torna mais explícito.

Juízos históricos como expressão do governo de Deus

Para Pember, os juízos bíblicos não são eventos aleatórios nem meramente simbólicos. Eles são manifestações reais do governo divino sobre a história. Deus permite, restringe e intervém conforme seu propósito soberano.

Essa leitura se aplica tanto ao Antigo quanto ao Novo Testamento. O dilúvio, o exílio, a destruição de Jerusalém e os juízos descritos no Apocalipse revelam que Deus governa a história mesmo antes da manifestação plena do Reino.

O adiamento, portanto, não significa ausência de governo, mas governo não entronizado.

A Igreja no contexto do adiamento

Pember não vê a Igreja como agente de domínio político, mas como testemunha fiel em meio ao conflito. A vocação da Igreja durante o adiamento do Reino é suportar, perseverar e proclamar a verdade em um mundo que ainda resiste ao governo divino.

O sofrimento cristão, nessa perspectiva, não é sinal de fracasso, mas consequência da fidelidade ao Reino em um mundo ainda não submetido ao Rei. A esperança escatológica não elimina o sofrimento; ela o interpreta.

Apocalipse e governo progressivo

A leitura de Pember do livro do Apocalipse enfatiza juízos progressivos e reais. Ele não reduz o livro a alegorias atemporais, mas o entende como revelação do governo divino sobre um mundo rebelde.

Os selos, trombetas e taças revelam a intensificação do confronto espiritual e moral antes da manifestação final do Reino. O adiamento se aproxima do fim à medida que a resistência é exposta e julgada.

A contribuição de Pember para o Reino Teocrático

Pember complementa Peters, Lang e Govett ao lembrar que o Reino não é apenas promessa futura e ética presente, mas também leitura da história. O crente não vive em um mundo neutro, mas em um campo de batalha espiritual governado soberanamente por Deus.
Sua contribuição impede que a teologia do Reino se torne excessivamente abstrata ou escapista. O adiamento do Reino ocorre em meio a conflitos reais, decisões morais e juízos históricos que exigem discernimento espiritual.

Síntese

H. Pember amplia a compreensão do Reino ao integrar história, espiritualidade e governo divino. O Reino prometido e adiado lança luz sobre a história em curso, revelando que Deus continua governando mesmo antes da entronização pública do Messias.
Esse capítulo encerra a análise dos principais autores que formam a linhagem do Reino Teocrático. Com isso, estamos prontos para concluir a obra, sintetizando o argumento central: o Reino não foi cancelado — foi adiado

Conclusão

O Reino não foi cancelado, foi adiado
Ao longo desta obra, percorremos a narrativa bíblica seguindo um eixo muitas vezes negligenciado, mas absolutamente central: o Reino de Deus como propósito histórico da redenção. Desde as promessas feitas a Abraão e Davi, passando pela proclamação de Jesus nos Evangelhos, até a consumação descrita no Apocalipse, o Reino emerge não como conceito abstrato, mas como realidade concreta, histórica e teocrática.
O primeiro objetivo deste livro foi demonstrar que o Reino não pode ser corretamente compreendido quando é reduzido a alegoria espiritual ou dissolvido em categorias atemporais. A análise do amilenismo mostrou que, embora essa tradição busque preservar a centralidade de Cristo, ela o faz ao custo de uma profunda descontinuidade histórica. Promessas claras de governo, território e restauração acabam reinterpretadas de modo que perdem seu conteúdo original.
Por outro lado, o diálogo com o dispensacionalismo clássico revelou uma contribuição inestimável: a recuperação da literalidade profética e da esperança de um Reino futuro. Contudo, também evidenciou suas

limitações. Ao compartimentar excessivamente a história da redenção e deslocar grande parte dos ensinos de Jesus para um futuro distante, essa abordagem frequentemente enfraquece a força ética do Reino no presente.

Entre a alegoria e o parêntese, o Reino corre o risco de ser marginalizado.

A recuperação da teologia do Reino Teocrático, especialmente a partir da obra de George N. H. Peters, mostrou-se uma chave hermenêutica capaz de integrar toda a Escritura de forma coerente. O Reino permanece o eixo da história da redenção mesmo durante seu adiamento histórico. Ele não foi cancelado, substituído ou espiritualizado; foi adiado em sua manifestação, não em sua autoridade.

Os Evangelhos deixam claro que a oferta do Reino foi real. Jesus anunciou a proximidade do Reino prometido e apresentou sinais que autentificavam sua autoridade messiânica. A rejeição do Rei não anulou o propósito divino, mas introduziu um período de mistério, no qual a história continua avançando sob novas condições.

Mateus 13 revelou a forma do Reino durante esse intervalo: crescimento real, mas ambíguo; avanço verdadeiro, porém misturado; valor supremo, ainda que oculto. Mateus 24 anunciou o fim do adiamento, com a vinda visível e gloriosa do Rei. Mateus 25 deixou claro que essa vinda será seguida por avaliação, herança e perda real.

A Epístola aos Hebreus aprofundou essa perspectiva ao demonstrar que a graça não elimina a responsabilidade escatológica. A salvação inaugura o relacionamento com Deus, mas a herança do Reino governa a participação futura. A disciplina, o sofrimento e a perseverança ganham sentido quando vistos à luz da vocação régia dos crentes.

Apocalipse 19–20 apresentou a consumação histórica desse Reino. O Messias retorna, derrota os poderes que resistiram ao seu governo, restringe o engano das nações e estabelece o reinado teocrático prometido. O milênio não surge como apêndice especulativo, mas como clímax necessário da história da redenção, no qual as alianças são finalmente cumpridas.

A análise dos autores históricos confirmou que essa leitura não é inovação recente. George N. H. Peters forneceu o arcabouço teológico do Reino como propósito histórico. G. H. Lang recuperou sua dimensão ética, mostrando que a esperança futura governa a fidelidade presente. Robert Govett esclareceu a distinção entre salvação e herança, devolvendo peso às advertências do Novo Testamento. H. Pember ampliou a visão ao integrar história, governo divino e conflito espiritual.

Juntos, esses autores demonstram que a teologia do Reino não é mero exercício acadêmico. Ela molda a vida cristã, confere seriedade à perseverança, dignidade ao sofrimento e esperança concreta à fé.

Este livro não teve como objetivo criar um novo sistema teológico, mas recuperar um eixo esquecido da Escritura. O Reino não é um símbolo etéreo nem um tema periférico. Ele é o destino da criação e o critério pelo qual a história é julgada.

A Igreja vive hoje entre a promessa e a manifestação, entre a redenção já recebida e o Reino ainda aguardado. Essa posição não autoriza passividade nem escapismo. Pelo contrário, ela exige vigilância, fidelidade e perseverança. O Rei está ausente visivelmente, mas presente em autoridade. Ele retornará, e sua vinda não será apenas consoladora — será governamental.

Que esta obra contribua para uma leitura mais fiel das Escrituras, uma esperança mais concreta no Reino de Deus e uma vida cristã marcada pela responsabilidade alegre de quem aguarda não um símbolo, mas um Rei que virá e reinará.

Sinopse

O Reino de Deus ocupa lugar central na mensagem bíblica, mas ao longo da história cristã sua compreensão foi frequentemente fragmentada. Em alguns contextos, o Reino foi reduzido a uma realidade espiritual presente; em outros, foi empurrado quase integralmente para o futuro, perdendo sua força histórica e ética no presente. Entre alegorias e compartimentações, o eixo da história da redenção acabou obscurecido.

Neste livro, Alexandre José de Oliveira propõe uma recuperação bíblica e teológica do Reino de Deus como propósito histórico divino. Partindo das promessas do Antigo Testamento, o autor demonstra que o Reino foi literalmente prometido, genuinamente oferecido por Jesus nos Evangelhos, adiado em razão da rejeição histórica do Rei e destinado à consumação visível e concreta na história.

A obra dialoga de forma crítica e respeitosa com as principais tradições escatológicas, especialmente o amilenismo e o dispensacionalismo clássico. Sem caricaturas, reconhece contribuições importantes dessas correntes, ao mesmo tempo em que aponta suas limitações hermenêuticas. Como eixo integrador, apresenta a teologia do Reino Teocrático, especialmente a partir da obra de George N. H. Peters, complementada pelas contribuições pastorais e exegéticas de G. H. Lang, Robert Govett e H. Pember.

Textos bíblicos frequentemente considerados difíceis — como Mateus 13, 24 e 25, a Epístola aos Hebreus e Apocalipse 19–20 — são tratados com seriedade exegética e sensibilidade pastoral. O Reino é apresentado não como abstração teológica, mas como realidade que molda a esperança futura, a responsabilidade presente e a leitura cristã da história.

Destinado a pastores, líderes, estudantes de teologia e leitores cristãos maduros, este livro não busca criar um novo sistema teológico, mas recuperar um eixo esquecido da Escritura, convidando o leitor a viver entre a promessa e a manifestação do Reino com vigilância, fidelidade e esperança concreta naquele que virá e reinará.